SCHOLASTIC explora tu mundo™

El clima

Penelope Arlon
y Tory Gordon-Harris

¡Tú puedes ser meteorólogo! En el libro digital hay muchos experimentos y proyectos que te ayudarán a observar, monitorizar y predecir el clima.

observadores del clima

Libro digital complementario de **El clima**

Descarga el libro digital

Observadores del clima

en el sitio de Internet en inglés:

www.scholastic.com/discovermore

Escribe este código: **RCFPRDHFGF42**

Experimentos con nieve

¡Está nevando! Abrígate bien y sal afuera a experimentar con la nieve. Pon un montoncito en un pedazo de papel o plástico negro. Usa una lupa para ver las diferentes formas de los copos de nieve. Luego realiza estos divertidos experimentos.

El volumen de la nieve

Llena un vaso con nieve. Mete una palita en el mismo hasta el fondo y marca hasta dónde llega la nieve en la palita. Espera a que la nieve se derrita. ¿Hasta dónde llega el agua? La nieve toma hasta diez veces más espacio que el agua.

¿DÓNDE NO NIEVA?
Las Maldivas

Medir la nieve

¿Cuánta nieve cae donde vives cada año? Mide y registra la profundidad de la nieve cada vez que caiga una nevada. Luego suma el total.

Después de una nevada, busca un área plana donde se haya acumulado nieve. Introduce una regla o un palo en la nieve. Mide la profundidad de la nieve y registra la medida.

Si va a caer más nieve, limpia la nieve de una superficie o completamente pon una tabla encima de esa área para que luego puedas medir la nieve fresca. Recuerda medir cada nevada en un año.

¡Haz tu propia nieve!

1 ¡Puedes hacer nieve hasta en el verano! Necesitarás un atomizador, como esos que se usan para humedecer las plantas, y un lugar frío, como el congelador del refrigerador.

2 Abre la puerta del congelador y echa agua ligeramente con el atomizador apuntando hacia arriba. Cierra la puerta del refrigerador. Al día siguiente encontrarás un montoncito de nieve donde cayeron las gotas de agua.

¡Haz un ángel de nieve! Tienes que mantener los brazos y las piernas derechos mientras los mueves.

Comprueba

Crea tus propios equipos de meteorología: un barómetro, un pluviómetro o un reloj de sol, y produce fenómenos meteorológicos en la cocina.

...ranizo más grande que una pelota de béisbol

Vigila la nieve

PÁGINA INICIAL

¿Cómo puedes saber cuándo va a nevar? Por supuesto que puedes ver las noticias, pero también puedes descubrirlo tú mismo. Lo primero que debes hacer es mirar al cielo.

Predecir la nieve

Observa las nubes en el invierno. Si hace mucho frío, el día está despejado y, además, ves nubes delgadas e irregulares en lo alto del cielo, puede ser que caiga nieve.

Mira la temperatura. Si ha hecho mucho frío, por debajo del punto de congelación, y luego el aire se calienta hasta llegar a alrededor de 32°F (0°C), la humedad en el aire aumentará, y es muy posible que nieve.

La **nieve polvo** no es buena para hacer bolas de nieve porque es muy fina y suave. Sin embargo, la nieve pegajosa es perfecta para hacer bolas porque los copos de nieve son grandes y contienen más agua.

Los **copos de nieve** están compuestos de pequeños **cristales** de hielo que tienen seis brazos o lados.

¿QUÉ FORMA TIENE LA NIEVE?

Cómo hacer nieve

Nieve en el suelo

Experimentos con nieve

Actividades divertidas para cualquier clima o estación.

Nieve en el suelo

Busca alrededor de tu casa diferentes tipos de nieve. Algunos copos de nieve atrapan más aire a medida que caen. Esto, junto con la temperatura y la humedad del aire, afecta la manera en que luce y se siente la nieve.

Nieve polvo
Hay mucho aire atrapado entre los ligeros y secos copos de nieve. Esta nieve es ideal para esquiar, pero no es buena para construir porque los copos de nieve están muy separados unos de otros. Sus **densidad** es menor de 400 libras por cada 3.2 pies (200 kg/m) de nieve.

Nieve dura
Hay muy poco espacio entre los endurecidos copos de nieve. Esta nieve compacta parece estar lisa y luce igual. Es el tipo de nieve que se encuentra en los glaciares o en las pendientes donde la gente se ha deslizado en trineo todo el día.

Nieve semiderretida
Después de una nevada, si la temperatura asciende a 9 arriba, la nieve se derrite. Si esta nieve se une con el calor, se vuelve gris o marrón. Luego, si la temperatura vuelve a descender, la nieve se congela y se pone semisólida.

Pegajosa con costra
Mientras más agua contengan los copos de nieve, más grandes y pegajosos serán a medida que más cantidad se les unan. Los copos forman una nieve gruesa y pegajosa. Si la capa superior de nieve se derrite y luego congela nuevamente, forma una costra dura con nieve suave por debajo.

Descargar el libro digital es muy fácil. Ve al sitio web en inglés (a la izquierda), escribe el código y descarga el libro. Ábrelo con el programa Adobe Reader.

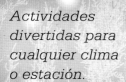

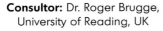

Consultor: Dr. Roger Brugge,
University of Reading, UK
Consultora educativa: Barbara Russ,
21st Century Community Learning Center
Director for Winooski (Vermont) School District
Directora de arte: Bryn Walls
Diseñadora: Ali Scrivens
Editora general: Miranda Smith
Editores en español:
María Domínguez, J.P. Lombana
Editora general de producción:
Stephanie Engel
Editora en EE.UU.: Esther Lin
Diseñador de la cubierta: Neal Cobourne
DTP: John Goldsmid
Editora de contenido visual:
Diane Allford-Trotman
**Director ejecutivo de fotografía,
Scholastic:** Steve Diamond

ISBN 978-0-545-70304-8

10 9 8 7 6 5 4 3 2   14 15 16 17 18

Printed in Singapore   46
First Spanish edition, September 2014

Contenido

Nuestro turbulento planeta

Nuestro turbulento planeta

Nuestro planeta sufre el efecto de fenómenos meteorológicos causados por el movimiento del calor y el agua en la atmósfera. En este momento hay unas 1.800 tormentas eléctricas en el cielo.

El tiempo atmosférico

El tiempo atmosférico es lo que sucede en la atmósfera. El aire en constante movimiento nos trae calor, frío, lluvia, viento, niebla o nieve.

¿Qué es el clima?

El clima es el tiempo atmosférico que tiene un área habitualmente. Los meteorólogos observan y predicen el tiempo atmosférico y el clima.

caliente · · ·
· · · frío

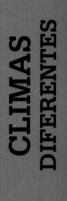

CLIMAS DIFERENTES

CLIMA POLAR

Las regiones polares, en los extremos norte y sur de la Tierra, reciben poca luz solar y son frías todo el año.

CLIMA DESÉRTICO

Los desiertos son áreas donde casi nunca llueve. Pueden ser cálido como el desierto del Sahara, o fríos como el desierto de Gobi.

Agua para la vida

El 70 por ciento de la Tierra está cubierto por agua que se evapora y sube a la atmósfera en forma de vapor de agua, que luego cae como lluvia o nieve. Sin este reciclaje de agua, no existiría la vida en la Tierra.

Clima extremo

Un encuentro turbulento entre el calor y el agua puede producir condiciones meteorológicas extremas, como los tornados. Ha habido progresos en la predicción de climas extremos, pero estos pueden seguir siendo devastadores (ver págs. 36–65).

CLIMA TROPICAL

Las áreas cercanas al Ecuador tienen climas tropicales. El Sol brilla intensamente y hace calor casi siempre. En algunas de estas áreas, además, llueve mucho.

CLIMA TEMPLADO

Las áreas de clima templado, como en América del Norte y Europa, tienen veranos cálidos e inviernos fríos.

Calentamiento global

Muchos científicos piensan que las personas están causando que la Tierra se caliente. Esto podría tener efectos catastróficos en el clima y en nuestras vidas.

Aprende más sobre el calentamiento global en las págs. 72–73.

Cuando miras al cielo en un día despejado, el azul que ves arriba son las capas de la atmósfera: la colcha de gases que rodea la Tierra.

La exosfera, la capa superior de la atmósfera, se disuelv en el espacio. El aire se escapa hasta ser casi inexistente.

La termosfera, llamada también atmósfera superior, puede ser muy fría en la noche, pero la luz solar directa puede calentar mucho su parte superior.

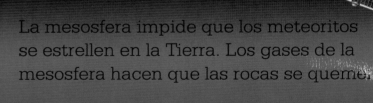

La mesosfera impide que los meteoritos se estrellen en la Tierra. Los gases de la mesosfera hacen que las rocas se quemen.

Los aviones vuelan por la zona baja de la estratosfera para evitar las turbulencias de la troposfera.

La mayor parte del gas y el vapor de agua de la atmósfera están en una capa densa cercana a la superficie de la Tierra llamada troposfera.

375–6.200 mi. (600–10.000 km) EXOSFERA

56–375 mi. (90–600 km) TERMOSFERA

31–56 mi. (50–90 km) MESOSFERA

12–31 mi. (20–50 km) ESTRATOSFERA

0–12 mi. (0–20 km) TROPOSFERA

La atmósfera de la Tierra es 78% nitrógeno, 21% oxígeno y

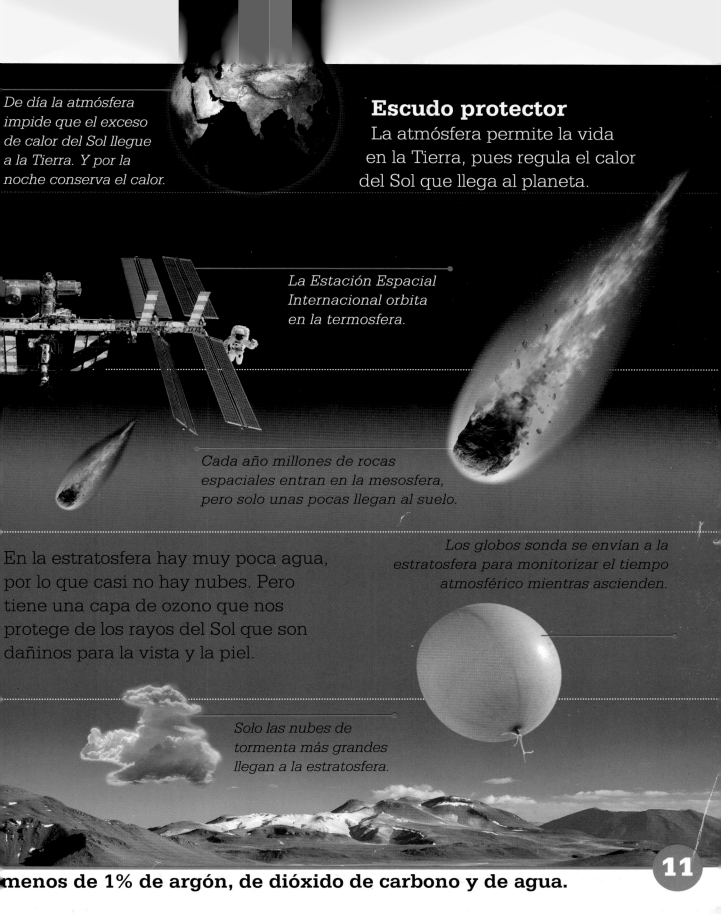

De día la atmósfera impide que el exceso de calor del Sol llegue a la Tierra. Y por la noche conserva el calor.

Escudo protector

La atmósfera permite la vida en la Tierra, pues regula el calor del Sol que llega al planeta.

La Estación Espacial Internacional orbita en la termosfera.

Cada año millones de rocas espaciales entran en la mesosfera, pero solo unas pocas llegan al suelo.

Los globos sonda se envían a la estratosfera para monitorizar el tiempo atmosférico mientras ascienden.

En la estratosfera hay muy poca agua, por lo que casi no hay nubes. Pero tiene una capa de ozono que nos protege de los rayos del Sol que son dañinos para la vista y la piel.

Solo las nubes de tormenta más grandes llegan a la estratosfera.

menos de 1% de argón, de dióxido de carbono y de agua.

Calor y viento

Cuando brilla el Sol, es fácil olvidarse del mal tiempo. Pero el calor del Sol causa muchos de los fenómenos meteorológicos de la Tierra.

Calor en movimiento

Los rayos del Sol viajan 93 millones de millas (150 millones de km) por el espacio hasta llegar a la Tierra. Algunas áreas de la Tierra reciben más calor que otras; y esto hace que el aire se mueva de un lugar a otro.

Diferencias de calor

Estas son las tres razones esenciales por las cuales en algunas zonas de la Tierra hace más calor que en otras en un momento dado.

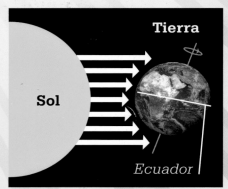

Tierra

Sol

Ecuador

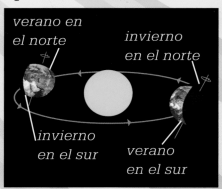

verano en el norte

invierno en el norte

invierno en el sur

verano en el sur

Tierra

día noche

Sol

1 La redondez

Como la superficie de la Tierra es curva, la luz solar cae directamente sobre el Ecuador, pero no en los polos.

2 Las estaciones

Debido a la inclinación del eje de la Tierra, cuando el Polo Norte apunta hacia el Sol, la mitad norte del planeta recibe más luz.

3 El día y la noche

El Sol "sale" a medida que la Tierra gira. Cuando una zona de la Tierra no está de frente al Sol, es de noche en esa zona.

El movimiento del aire produce vientos, nubes, tormentas

El movimiento del aire

El aire caliente sube y el aire frío baja.
Cuando el Sol calienta el aire en una zona
y este sube, el aire frío de otra zona
se mueve para ocupar su lugar.
El aire en movimiento es el viento.

EL AIRE CALIENTE SUBE

EL AIRE FRÍO BAJA

La presión del aire

La presión del aire es el peso
de la atmósfera de la Tierra
sobre todo lo que está abajo.

El aire frío es más denso, y ejerce alta presión.

El aire caliente es menos denso y ejerce baja presión.

*Si en un día frío abres la puerta
de la casa, sentirás cómo entra
el aire frío en la casa. A ese aire
en movimiento lo llamamos viento.*

DATOS: SOL

¿QUÉ ES?
El Sol es una estrella,
una bola de gases
muy calientes.

¿DE QUÉ TAMAÑO?
Alrededor de 1 millón
de Tierras cabrían en
su interior.

¿CUÁN CALIENTE?
En el núcleo del Sol la
temperatura es de
27 millones de °F (15
millones de °C). ¡Eso
es muy caliente!

¿CUÁN VELOZ ES LA LUZ?
La Tierra está tan
lejos del Sol que su
luz demora ocho
minutos en llegar.

Luces danzarinas

Auroras

Las explosiones magnéticas del Sol envían flujos de partículas hacia la Tierra. Cuando estas chocan contra las partículas de gas de la atmósfera, el impacto produce luces de colores llamadas auroras. Usualmente solo son visibles cerca del Polo Norte o del Polo Sur.

En esta página se ve una aurora boreal iluminando el

cielo sobre las montañas de Noruega.

Medir el viento

¿Cuán fuerte sopla el viento hoy? Para medirlo, usamos una escala creada hace cientos de años.

¿Cuán veloz?

El anemómetro mide la velocidad del viento. Cuando el viento hace girar las cazoletas, se mide su velocidad en millas o kilómetros por hora.

La escala Beaufort

En 1805 Sir Francis Beaufort, miembro de la marina británica, creó una escala para medir la velocidad del viento.

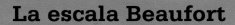

Fuerza 3: el viento hace ondear las banderas y mueve hojas y ramas.

0 UNIDADES DE FUERZA	1	2	3	4	5
calma	ventolina	brisa muy débil	brisa ligera	brisa moderada	brisa fresca

Fuerza 0: El humo sube verticalmente; mar en calma.

Fuerza 2: Las hojas se mueven. Las veletas comienzan a moverse.

Fuerza 5: Se forman olas superficiales. Los árboles pequeños se mecen.

Los vientos se nombran por la dirección desde donde

Vientos marinos

En el mar no hay árboles ni edificios que paren el viento. La escala Beaufort se creó para alertar a los barcos sobre la velocidad de los vientos marinos, y se sigue usando hoy para pronosticarlos.

Fuerza 6: Los árboles comienzan a inclinarse. El viento hace silbar los cables de teléfono.

Fuerza 12: Daños devastadores a estructuras en tierra; olas de más de 45 pies (14 m) en el mar.

6	7	8	9	10	11	12
brisa fuerte	viento fuerte	temporal	temporal fuerte	temporal duro	borrasca	huracán

Fuerza 7: Los árboles grandes se mueven. Las olas salpican.

Fuerza 9: Algunos daños a las casas; olas altas.

Fuerza 11: Daños graves en tierra y grandes olas en el mar.

▶▶ Aprende más
sobre las zonas de vientos de la Tierra, págs. 38–39.

17

soplan: un "norte" es un viento que viene del norte.

El ciclo del agua

En el aire hay una cantidad de agua constante que se recicla continuamente: la que se pierde como lluvia se recupera por evaporación.

2 El calor del Sol evapora (convierte en vapor de agua) parte del agua de la superficie, que luego asciende en el aire. Mira como se seca un charco en un día soleado.

EL AGUA CUBRE EL 70% DE LA TIERRA.

1 La mayor parte del agua de la Tierra está en los océanos, ríos, lagos y casquetes polares. Parte de ella se filtra en el suelo y queda bajo tierra hasta que emerge de nuevo.

El agua se puede hallar en tres estados: sólido (hielo),

Cuando el vapor de agua sube, se enfría y se condensa (es decir, se vuelve líquido otra vez o se convierte en cristales de hielo), y forma las nubes.

3

4

Cuando se condensa mucha agua, el aire no puede retenerla y cae al suelo como precipitación (lluvia, nieve o granizo).

El arco iris

Cuando está soleado y llueve al mismo tiempo, la luz solar se refleja en las gotas de agua y se forma un arco iris.

El agua cae en la Tierra y corre hacia zonas bajas (o se filtra bajo tierra) hasta llegar a una masa de agua. El flujo de agua de la tierra al mar se llama escorrentía.

5

Agua de dinosaurio

Toda el agua se recicla, así que ese vaso de agua que vas a tomar quizás lo bebió antes un dinosaurio.

líquido (agua) y gaseoso (vapor de agua).

Acrobacias de la luz

La luz blanca del Sol en realidad es una mezcla de colores que se separan cuando la luz se encuentra con el agua, el polvo o los cristales de hielo de la atmósfera. Este fenómeno a veces produce efectos de luz espectaculares.

Ver un arco iris

Cuando llueve en un día soleado, a veces se ve un arco iris. El arco iris se forma cuando la luz solar pasa a través de las gotas de lluvia. La luz solar blanca se descompone entonces en diferentes colores que van en direcciones ligeramente distintas, y es por eso que vemos arcos de luz de diferentes colores.

Los colores del arco iris van en orden: rojo,

Otros tipos de arco iris

Halo
Anillo de un solo color que se ve alrededor del Sol o de la Luna. Aparece cuando la luz se descompone al pasar por los cristales de hielo de las nubes altas.

Arco iris de niebla
Cuando la luz solar pasa por niebla que está cercana a la Tierra se forma un arco pálido o incoloro que llaman arco iris de niebla.

Arco iris doble
La luz se puede reflejar dos veces en una misma gota de agua. Entonces se forma un segundo arco más grande y menos definido, con el orden de colores inverso.

anaranjado, amarillo, verde, azul, índigo y violeta.

Incluso un cielo sin nubes está lleno de agua. En las noches frescas, esa agua llega al suelo en forma de rocío o escarcha.

El rocío

En una mañana fría es posible ver gotas de rocío brillar en una telaraña. El rocío se forma cuando las gotas de agua del aire se condensan sobre superficies frías.

El rocío del desierto

Incluso en el desierto se forma rocío tras una noche fría. Este escarabajo del desierto se bebe el rocío que se forma sobre él.

Niebla helada

Cuando hay niebla helada o nubes muy bajas, el viento puede congelar las gotas de agua sobre los árboles. El hielo que se forma hace que los árboles se vean blancos.

Una helada fuerte puede matar plantas. Estas soportan

Escarcha

Cuando la temperatura llega a cero grados, el vapor de agua se congela en cristales de hielo que llamamos escarcha.

Helecho de escarcha

En las noches muy frías, a veces el rocío se congela en las ventanas, y parece hojas de helecho.

Jack Frost

Jack Frost es un espíritu travieso del folclore vikingo. Se dice que crea la escarcha en las ventanas al tocarlas.

Las pequeñas burbujas de aire que la escarcha tiene en su interior le dan su color blanco.

Aprende más ◀◀
sobre el vapor de agua en las págs. 18–19.

frío, pero los cristales de hielo dañan sus hojas.

Buscanubes

¡Tú puedes ser un buscanubes! Aprende a reconocer los diferentes tipos de nubes de acuerdo a su forma y altura.

Formas de las nubes

Hay tres formas básicas. Los diez tipos de nubes más comunes son combinaciones de estas tres formas.

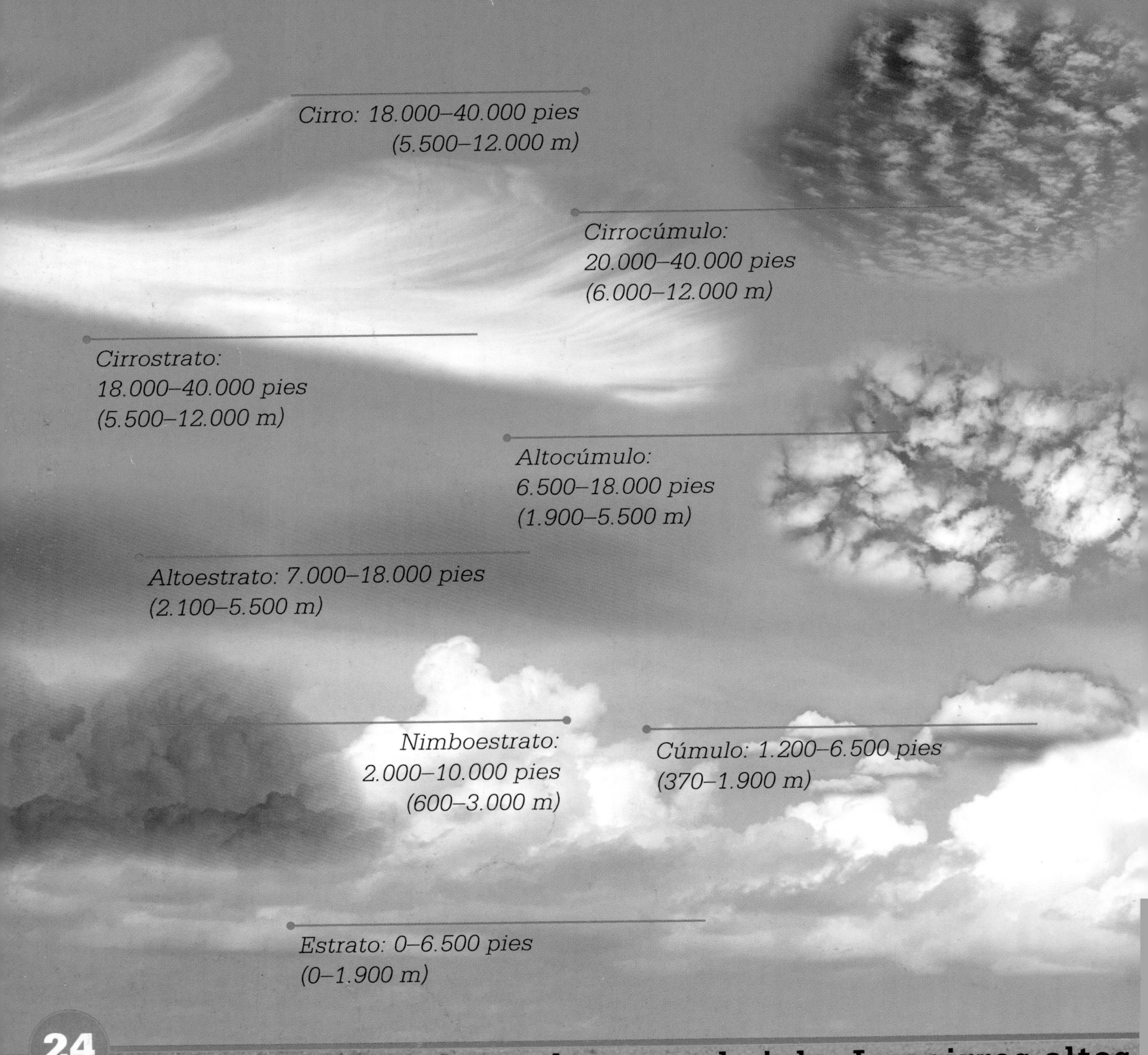

Cirro: 18.000–40.000 pies
(5.500–12.000 m)

Cirrocúmulo:
20.000–40.000 pies
(6.000–12.000 m)

Cirrostrato:
18.000–40.000 pies
(5.500–12.000 m)

Altocúmulo:
6.500–18.000 pies
(1.900–5.500 m)

Altoestrato: 7.000–18.000 pies
(2.100–5.500 m)

Nimboestrato:
2.000–10.000 pies
(600–3.000 m)

Cúmulo: 1.200–6.500 pies
(370–1.900 m)

Estrato: 0–6.500 pies
(0–1.900 m)

El viento mueve las nubes por el cielo. Los cirros altos

Las tres formas básicas de las nubes

1 Cirro

Los cirros parecen tiras finas y ralas que a veces semejan colas de caballo.

2 Cúmulo

Estas nubes infladas como bolas de algodón flotan solas o en grupo.

3 Estrato

El estrato es una masa compacta blanca o gris que cubre el cielo.

Cumulonimbo:
1.000–60.000 pies
(300–18.000 m)

Aprende más
sobre las nubes de tormenta llamadas cumulonimbos en las págs. 30–31.

Estratocúmulo: 1.200–6.500 pies
(370–1.900 m)

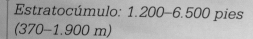

La niebla

La niebla es una nube estrato a ras del suelo.

Los nombres de las nubes

Los nombres de los diez tipos de nubes más conocidos provienen de palabras latinas. *Cirrus* significa "rizo". *Cumulus* significa "montón". *Stratus* significa "desplegado". *Nimbus* significa "nube".

pueden viajar a más de 100 mph (160 kph).

Nubes interesantes

En días nublados es posible ver algunas nubes muy extrañas. Busca las más raras y espectaculares.

NUBE NOCTILUCENTE
Estas raras nubes parecen olas del mar. Se forman en lo alto del cielo y generalmente se ven al caer la tarde.

NUBE DE EXPLOSIÓN SÓNICA
Cuando un avión sobrepasa la velocidad del sonido, a veces produce una nube.

NUBE DEL AMOR
Si pasas suficiente tiempo observando el cielo, ¡verás algunas nubes con formas interesantes!

Los pilotos de planeadores hacer

NUBE MASTODÓNTICA

Nubes abultadas que cuelgan de los cumulonimbos; usualmente anuncian mal tiempo.

NUBE SKYPUNCH

Cuando parte de las gotas de agua se congelan, esa zona se cae y deja un agujero en la nube.

ESTELA DE CONDENSACIÓN

El aire caliente que expulsa el avión choca con el aire frío y forma una larga estela.

NUBE DE GLORIA DE LA MAÑANA

Estas nubes, algunas de más de 600 millas (970 km) de largo, se ven pasar en primavera por el norte de Australia a 35 mph (55 kph).

NUBE LENTICULAR

Se forman al soplar el viento sobre las montañas, ¡y parecen platillos voladores!

surf" en las nubes de gloria impulsándose con el viento.

Cada día caen sobre la Tierra más de 550 billones de toneladas de agua en forma de lluvia, nieve o granizo. A esa agua la llamamos precipitación.

EN UNA GOTA DE LLUVIA PUEDE HABER HASTA 1.000.000 DE GOTITAS DE AGUA.

2 MPH

11 MPH

DATOS: LLUVIA

LLUVIA VELOZ
Un copo de nieve cae a unas 2 mph (3 kph); una gota de lluvia cae a unas 11 mph (18 kph).

¿DE VACACIONES?
Si quieres unas vacaciones soleadas, no vayas al monte Waialeale, en la isla hawaiana de Kauai. Allí llueve unos 350 días al año.

UN GRAN COPO
Los copos de nieve más grandes cayeron en Estados Unidos en 1877. ¡Medían 15 pulgadas (38 cm) de ancho!

Lluvias torrenciales
Las nubes de tormenta llamadas cumulonimbos producen lluvias intensas y repentinas que pueden anegar el área que está debajo de ellas en unos minutos.

La granizada más letal que se conoce mató a 246 personas

¿Qué es la lluvia?

Las gotitas de agua y cristales de hielo de las nubes forman gotas de agua tan pesadas que caen como lluvia.

¿Qué es la nieve?

Si hace mucho frío, los cristales de hielo forman copos que caen como nieve.

¿Qué es el granizo?

Cuando los cristales de hielo ascienden en las nubes de tormenta, acumulan capas de hielo y caen como granizo.

Todos los copos de nieve tienen seis brazos o lados. Pero no hay dos copos de nieve iguales.

Granizos gigantes

Durante las tormentas, a veces caen granizos del tamaño de una pelota de béisbol. Y pueden caer a velocidades de hasta 100 millas por hora (160 kph) y causar lesiones graves. El granizo más grande que se conoce era del tamaño de una sandía.

Las tormentas eléctricas

No hay nada tan espectacular como una gran tormenta eléctrica con sus rayos deslumbrantes y el retumbar de los truenos.

Nubes de tormenta

Cuando el aire está caliente y húmedo, asciende y se enfría, formando enormes cumulonimbos. Las nubes se vuelven cada vez más altas y se mueven violentamente hasta que comienzan a explotar produciendo truenos y rayos y un aguacero torrencial.

DATOS: TORMENTAS

LA NUBE BOMBA
Un cumulonimbo libera tanta energía como una bomba atómica.

GOLPES MORTALES
Cerca de 30 personas al año mueren a causa de los rayos en los Estados Unidos.

¡HAY TORMENTA!
La luz es tan veloz que vemos el relámpago antes de oír el trueno. Pero si la tormenta está justo encima de ti, oirás el trueno al mismo tiempo que ves el relámpago.

¿Qué es el trueno?

El trueno retumba cuando se produce un rayo. El rayo calienta el aire y lo hace expandirse tan rápidamente que emite una poderosa onda sonora.

Un cumulonimbo lleno de lluvia puede pesar más que

El rayo

El rayo se origina en el interior de las nubes de tormenta. Los cristales de hielo se rompen y agrupan, generando electricidad.

Nube a tierra

La parte inferior de la nube de tormenta tiene carga negativa, mientras que el suelo (y la parte superior de la nube) tienen carga positiva. La electricidad viaja entre la nube y el suelo: ¡ese es el rayo!

Qué hacer en caso de tormenta

El rayo toma la vía más fácil hacia el suelo, por eso cae sobre los objetos altos.

QUÉDATE *bajo techo, lejos de las ventanas.*

NO *abras el paraguas: el metal atrae el rayo y puede caer sobre el paraguas.*

NO *te metas a la piscina. El agua atrae el rayo y este puede caer sobre ti.*

NO *te pares debajo de un árbol, pues un rayo puede caer sobre él y destruirlo.*

10 000 elefantes. ¡Eso es un montón de agua!

Luces en el cielo

Ramas de fuego

Relámpagos sobre el cielo de Tucson, AZ. Cada rayo calienta el aire hasta 54.000 °F (30.000 °C) durante 0,2 segundos. ¡Eso es cinco veces más caliente que la superficie del Sol! Los rayos pueden tener hasta 3 millas (5 km) de largo.

Cada segundo se pueden ver unos 100 relámpagos en

todo el mundo. Son más de ocho millones cada día.

¡Le cayeron sie

Roy Sullivan es el hombre con la pe suerte del mundo... ¿o la mejor?

¡Increíble!

La probabilidad de que a uno le caiga un rayo es muy baja. Pero si te cae uno, la probabilidad de morir es muy alta. Roy C. Sullivan es un caso único, pues le cayeron siete rayos... ¡y sobrevivió siete veces!

Sullivan nació en 1912 y come a trabajar como guardabosque en el Parque Nacional de Shenandoah, VA, en 1936.

año
1969

año
1970

año
1972

¡EL SEGUNDO!

Sullivan estaba en su camioneta. Un rayo cayó en un árbol cercano, rebotó y entró por la ventanilla. Le quemó las cejas, las pestañas y casi todo el pelo.

¡EL TERCERO!

Sullivan estaba en el patio. El rayo cayó en un cable eléctrico, saltó y le dio en el hombro izquierdo.

¡EL CUARTO!

Sullivan estaba en la estación de guardabosques El rayo le incendió el pelo, pero logró apagarlo con una toalla mojada.

Los siete casos fueron confirmados por el jefe de

¡rayos!

¡Primer rayo!

Sullivan se refugió de la lluvia en una torre de observación. El rayo cayó en la torre y, según él, "el fuego saltó por todas partes". Salió corriendo, pero el rayo le había dado en un dedo del pie abriéndole un agujero en el zapato.

¡Y a la esposa de Sullivan también le cayó un rayo! Estaba colgando ropa en el patio con Sullivan, y los dos salieron ilesos.

año 1973

¡EL QUINTO!

Sullivan dejó su camioneta en el parque pensando que la tormenta había pasado, ¡y le cayó otro rayo! Se le incendió el pelo y el rayo recorrió su cuerpo y le sacó un zapato del pie, ¡sin zafarle los cordones!

año 1976

EL SEXTO

Esta vez el rayo le cayó a Sullivan en un tobillo, hiriéndolo. Probablemente él vio la nube de tormenta y trató de huir, pero el rayo le cayó encima de todas formas.

año 1977

¡EL SÉPTIMO!

Sullivan estaba pescando y un rayo le cayó en la cabeza, chamuscándole el pelo. El rayo recorrió su cuerpo quemándole el pecho y el estómago. Cuando se dio la vuelta, vio un oso comiéndose una trucha que había pescado. Por suerte, el oso no lo atacó.

guardabosques del parque o por médicos.

Clima extremo

El calor, el frío, la lluvia o el viento extremos ponen en peligro la vida. Las sequías son más letales aún. Las cosechas no crecen y los animales y las personas se quedan sin comida ni agua. Más de 10 millones de personas viven hoy amenazadas por sequías en África.

Zonas de vientos

En cualquier lugar del mundo pueden darse condiciones extremas del clima, pero hay vientos muy fuertes que aparecen siempre en los mismos lugares.

Los vientos alisios

En la zona norte cercana al Ecuador, los vientos soplan desde el noreste; en la zona sur, soplan desde el sudeste. Estos vientos casi constantes se llaman vientos alisios.

chinook

viento alisio del noreste

Las planicies del Callejón de los Tornados, que están entre dos regiones montañosas, reúnen las condiciones perfectas para la formación de tornados.

CALLEJÓN DE LOS TORNADOS

Callejón de los Tornados

En cualquier lugar de la Tierra puede haber un tornado, pero la mayoría ocurre en un área del Medio Oeste de EE.UU. conocida como el Callejón de los Tornados.

Hasta la Segunda   **Guerra Mundial, nadie**

Zona de huracanes

Los ciclones tropicales, o huracanes, se originan en los mares cálidos cercanos al Ecuador. Van hacia el oeste, en la dirección de los vientos alisios.

Vientos regionales

En muchas partes del mundo se dan vientos fuertes en la misma época cada año. Los monzones regionales cambian de dirección con las estaciones y causan muchas veces abundantes lluvias.

mistral

siroco

monzón de la India

viento alisio del noreste

viento alisio del noreste

ECUADOR

viento alisio del sudeste

Corrientes en chorro

Llamamos corrientes en chorro a las corrientes de aire estrechas y veloces que hay en las zonas altas de la atmósfera. Estas corrientes pueden acelerar la velocidad de vuelo de los aviones.

conocía las corrientes en chorro y los pilotos se salían de su ruta.

Los violentos tornados

Los vientos de los tornados giran a 300 mph (480 kph) y

Los tornados

Son vientos giratorios violentos que surgen en medio de grandes tormentas eléctricas llamadas superceldas. Son las ráfagas de viento más poderosas de la Tierra. Usualmente miden 250 pies (76 m) de ancho, pero algunos alcanzan 1 milla (1,5 km) de ancho.

pueden avanzar sobre el suelo a 70 mph (110 kph).

Torbellinos devastadores

Los tornados son el fenómeno más violento que ocurre en la atmósfera. Pueden levantar y hacer añicos una casa o un tren. Tres de cada cuatro tornados ocurren en Estados Unidos.

DATOS: TORNADOS

¿CUÁNTO DURA UN TORNADO?

La mayoría dura unos diez minutos, pero algunos han durado horas.

¿SON PELIGROSOS PARA LAS PERSONAS?

Cada año en EE.UU. los tornados matan un promedio de 70 personas y lesionan a 1.500.

¿CUÁL FUE EL TORNADO MÁS DEVASTADOR?

En 1925 un tornado asoló tres estados, dejando una senda de destrucción de 219 millas (352 km). Murieron 695 personas.

Una aspiradora

El tornado no solo causa destrucción, sino que absorbe cualquier cosa a su paso como una inmensa aspiradora... ¡incluso autos y vacas!

Escala Fujita mejorada

La fuerza de los tornados se mide usando la escala Fujita mejorada.

Daños leves *(rompe ramas, chimeneas)*

Daños moderados *(levanta techos*

EF0　　　**EF1**

Cuando los tornados pasan por lagos o charcas, ¡a veces

¿Cómo se forman?

Los tornados se forman en nubes de tormenta llamadas superceldas, y producen truenos, rayos, granizo y vientos muy fuertes.

Una supercelda absorbe aire cálido y los vientos de las capas superiores lo hacen girar.

El viento cobra más fuerza al girar, y al enfriarse por la lluvia, sopla hacia la Tierra.

Una manga de viento baja de la nube y se hace un tornado al llegar al suelo.

verlo TESTIGO OCULAR Los terribles tornados de 2011

" Me lenvanté y agarré el picaporte y casi en ese momento la pared entera se abrió hacia afuera y me arrastró con ella. "

El récord de tornados

En un solo mes se produjeron 758 tornados en el Callejón de los Tornados.

—Ken Carter,
Apison, TN

Daños considerables
(descarrila trenes)

Daños graves
(voltea autos)

Daños devastadores
(levanta autos y edificaciones)

Daños increíbles
(lanza autos por el aire, destruye casi todo a su paso)

EF2　　**EF3**　　**EF4**　　**EF5**

arrastran ranas, peces y cangrejos por el aire!

Entrevista con un

Nombre: Sean Casey
Profesión: Cazatormentas, diseñador del vehículo interceptor de tornados (TIV-2), cineasta IMAX

(P) **¿Siempre le interesaron los tornados? ¿Cuál ha sido su mayor éxito?**

(R) Quedé fascinado desde que salí a perseguir un tornado por primera vez en 1999. Mi mayor éxito ha sido interceptar un tornado que nos pasó por encima en el año 2009, mientras recolectábamos datos sobre los vientos bajos del tornado, en Goshen County, WY.

(P) **¿Se siente seguro en su TIV-2?**

(R) ¡Solo me siento seguro cuando está estacionado!

La torreta de filmación gira 360 grados.

El vehículo blindado TIV-2 está diseñado para resistir los fuertes vientos de los tornados, para poder filmarlos y recopilar datos.

Perseguir tornados es peligroso, incluso para los expertos.

cazatormentas

El mástil de los equipos recopila datos meteorológicos.

TIV-2

P **¿Ha estado dentro de un tornado? ¿Sintió miedo o emoción?**

R He estado dentro de 12 tornados. He sentido la emoción de ver de cerca un fenómeno natural increíble, pero he sentido terror al pensar lo que podría sucederme.

P **¿Cómo es el ruido de un tornado?**

R Cada tornado suena diferente. Los pequeños suenan a veces somo sirenas, y los más grandes y potentes suenan como una combinación de un tren con una cascada.

NUNCA trates de perseguir un tornado.

El rugido del huracán

Los huracanes (llamados también ciclones tropicales o tifones) son tormentas inmensas que se forman en los mares tropicales.

En medio de la tormenta

Con los satélites se pueden observar lo huracanes, pero el método más exacto para predecir su ruta es ir en avión hasta su centro y recolectar datos. Eso peligroso, pero la información que se obtiene ayuda a salvar vidas.

Cómo se forman

Los huracanes se originan sobre los mares cálidos y usualmente se mueven hacia el oeste. Cuando llegan a tierra pierden fuerza, pero antes devastan las zonas costeras.

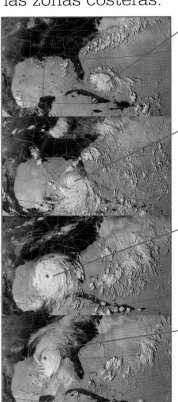

En 2005, el huracán Katrina se originó sobre una zona cálida del océano Atlántico.

Al ascender el aire caliente, se evaporó mucha agua del mar y se formó una gran tormenta.

La rotación de la Tierra hizo que las nubes giraran alrededor del ojo, o centro, del huracán.

Katrina tocó tierra en Nueva Orleans, devastó la ciudad y luego perdió fuerza.

Aprende más ◀◀◀
sobre las rutas de los huracanes en las págs. 38 y 39.

Desde que se forma, el huracán recibe un nombre. El

Escala Saffir-Simpson

Hay cinco categorías de huracanes.

1
Huracán mínimo
74–95 mph
(119–153 kph)

2
Huracán moderado
96–110 mph
(154–177 kph)

3
Huracán extenso
111–129 mph
(178–208 kph)

4
Huracán extremo
130–156 mph
(209–251 kph)

5
Huracán catastrófico
157+ mph
(252+ kph)

El huracán Sandy

Si los vientos de un huracán giran a 74 millas por hora (119 kph) o más, se clasifica según la escala Saffir-Simpson. El huracán Sandy de 2012 fue una tormenta de categoría 2 devastadora.

El huracán Sandy era enorme: ¡tenía 1.100 millas (1.770 km) de ancho!

Los vientos de Sandy eran muy fuertes cerca del ojo del huracán, pero el ojo mismo del huracán usualmente está en calma.

primero de la temporada empieza con A, luego B, etc.

47

El huracán Sandy

En octubre de 2012, el huracán Sandy comenzó su destructivo recorrido en el Caribe y EE.UU. Fue el huracán más grande que se haya visto en el Atlántico.

La marejada
Cuando el huracán llegó a la Costa Este, produjo una marejada ciclónica que inundó las zonas costeras.

Sandy en Nueva York

Cuando aún era de Categoría 1, Sandy se combinó con otra tormenta para formar una increíble supertormenta.

Se llevó comida de emergencia a muchos hospitales.

7 A.M. *Se cancelaron todos los vuelos desde Nueva York y Nueva Jersey.*

28 de octubre de 2012

29 de octubre de 2012

7 P.M. *Por solo segunda vez en sus 108 años de historia, el metro de Nueva York tuvo que cerrar.*

9:30 AM *Cuando Sandy cambió de ruta y fue hacia la ciudad, la Bolsa de Valores no abrió sus puertas ese día.*

Más de 8 millones de hogares de Estados Unidos quedaron

TESTIGO OCULAR Sandy ataca

verlo

> " El agua me subió del tobillo a la rodilla en unos minutos. Nos dimos cuenta de que teníamos que irnos. Salimos en el auto en medio de la lluvia y el viento que estaba expandiendo el incendio. "
>
> —Stephen Chin, Breezy Point, NY

Una casa destruida

La marejada ciclónica inundó la casa de Stephen Chin en Breezy Point, NY. Lo mojó todo y destruyó casi todas las pertenencias de la familia.

1 P.M. *El viento alcanzó 90 mph (145 kph). Empieza la marejada ciclónica.*

8:30 P.M. *El agua entró en la subestación eléctrica y todo el sur de Manhattan quedó en la oscuridad.*

Miles quedaron sin hogar

30 de octubre de 2012

4 P.M. *Por toda la Costa Este, las olas inundaron las playas, destruyendo muchas casas.*

9 P.M. *En Breezy Point se produjo el mayor incendio en un área residencial de Nueva York en 100 años.*

Cada hora se recibían 20.000 llamadas al 911.

sin electricidad debido a Sandy.

Sequías

Cuando en un área no llueve durante mucho tiempo, se dice que hay una sequía. Las sequías pueden ser catastróficas.

Desastre

Las sequías pueden durar años, pero incluso una sequía breve es terrible. Si no llueve, se pierden las cosechas y se acaba el agua; la gente puede morir de hambre o tiene que abandonar su hogar.

La sequía de Sahel duró más de **15 AÑOS.**

DATOS: DESIERTO

LA SEQUÍA MÁS LARGA

La región de Sahel en África sufrió una sequía que duró desde los años sesenta a los ochenta del siglo pasado. Murieron unos 4 millones de reses.

EL DUST BOWL

En la década de 1930, una gran sequía arruinó millones de acres de tierra fértil del sur de EE.UU. Medio millón de personas se quedaron sin hogar.

UN ÁRBOL FUERTE

La acacia sobrevive las sequías porque tiene largas raíces que llegan a las aguas profundas.

La mitad de las reses   **de Somalia murió en la**

> **Es devastadora...** Calculamos que la cuarta parte de los 7,5 millones de habitantes de Somalia ha tenido que desplazarse a otras zonas del país o vive en otros países. **"**

— **Melissa Fleming, vocera del Alto Comisionado de las Naciones Unidas para los Refugiados**

Sequía de 2010 a 2011

Millones de somalíes tuvieron que abandonar sus hogares cuando la sequía destruyó las cosechas.

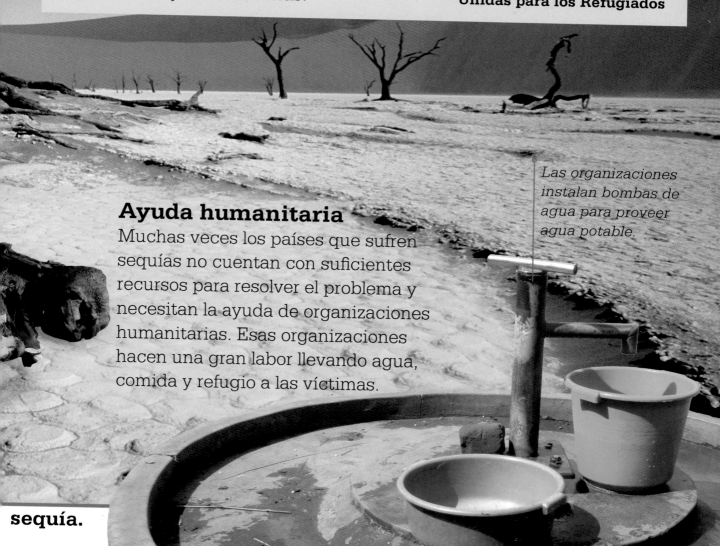

Las organizaciones instalan bombas de agua para proveer agua potable.

Ayuda humanitaria

Muchas veces los países que sufren sequías no cuentan con suficientes recursos para resolver el problema y necesitan la ayuda de organizaciones humanitarias. Esas organizaciones hacen una gran labor llevando agua, comida y refugio a las víctimas.

sequía.

Incendios forestales

En llamas

Tras un período de sequía, una simple chispa puede incendiar el paisaje reseco. Cuando el aire se calienta y sube, el aire fresco ocupa su lugar, causando vientos que expanden las llamas. En Australia ocurren miles de incendios forestales cada año. Algunos ocurren naturalmente, pero casi todos son causados por las personas, accidental o intencionalmente.

Las aves de presa enfrentan el calor de los incendios

...mientras esperan a que sus presas huyan de las llamas.

Polvo y arena

En las áreas calientes y secas el aire cálido asciende y el aire fresco baja, levantando polvo o arena. No salgas de casa... ¡se acerca una tormenta de polvo!

Tormentas de arena

En el desierto, el viento levanta cantidades de arena a gran altura, y luego las lleva a grandes distancias. A veces la arena se mezcla con la lluvia y cae al suelo como lodo.

Esta tormenta de arena del Sahara recorre 1.000 millas (1.600 km) en África, hasta llegar a las islas Canarias.

La arena oculta la luz del Sol, produciendo un extraño resplandor amarillo.

Clima volcánico

Los volcanes pueden afectar el clima. En 1980, el monte Santa Helena de Washington lanzó cenizas a 12 millas (19 km) de altura. Se nubló el cielo y bajó la temperatura en varias zonas del mundo.

Un muro de polvo

Un haboob es una tormenta de polvo intensa que parece un compacto muro de polvo. Este, ocurrido en Sudán, África, fue causado por un cambio de vientos. Un haboob puede tener 3.300 pies (1.000 m) de alto y desplazarse a 60 millas por hora (100 kph).

A los diablos de polvo también se los llama demonios de polvo

Eyjafjallajökull

Este volcán de Islandia entró en erupción en 2010. La nube de ceniza que produjo impidió a los aviones volar en Europa por seis días.

> " Era escalofriante, pero fascinante al mismo tiempo. Había comenzado a caer ceniza y no podíamos salir del auto. "

—Katrin Moller Eiriksdottir, Fljotshlid, Islandia

Diablos de polvo

Los diablos de polvo son torbellinos de polvo que se desplazan por la tierra y se elevan a 1,2 millas (2 km) de altura. Ocurren cuando el suelo está más caliente que el aire, lo que hace que este suba rápidamente arrastrando el polvo con él.

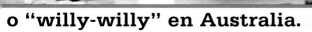

o "willy-willy" en Australia.

Climas inclementes

En casi todos los rincones de la Tierra viven personas. Muchas se han adaptado a vivir en climas duros y peligrosos.

El Niño

Cada varios años, el océano Pacífico se calienta y las aguas cálidas se mueven al este. En América del Sur se producen fuertes lluvias e inundaciones, y en Australia ocurren sequías.

Mucho viento

La ciudad of Wellington está en un "corredor de vientos" entre dos islas de Nueva Zelanda.

LUGARES EXTREMOS

EL SITIO **MÁS FRÍO** DE LA TIERRA

La temperatura más baja se registró en la Estación de Investigación Vostok, en la Antártida, en 1983, y fue de −128,6°F (−89,2°C).

EL **MÁS HÚMEDO**

Mawsynram, India, tiene un promedio de precipitación anual de 39 pies (11,9 m).

El más neblinoso

La costa de Terranova en Canadá está cubierta de niebla más de 120 días al año. Cuando el aire cálido y húmedo del sur se topa con las aguas frías, se enfría y se condensa en forma de niebla. La niebla dura semanas hasta que el viento se la lleva.

El lugar más caliente

La temperatura promedio en el desierto de Danakil, Etiopía, puede ser de 93°F (34°C) día y noche. Al mediodía promedia 104°F (40°C).

El pueblo afar, que vive en el desierto de Danakil, se alimenta de carne y leche, pues es muy difícil sembrar allí.

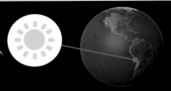

MÁS **CICLONES** TROPICALES

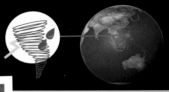

Las islas Filipinas, en el Sudeste Asiático, sufren los efectos de hasta 20 ciclones en una estación ciclónica.

EL LUGAR **MÁS SECO** DE LA TIERRA

En algunas áreas del desierto de Atacama, en América del Sur, no ha llovido en 400 años.

El pueblo más frío

Verkhoyansk, en Rusia, es uno de los lugares habitados más fríos del mundo. En invierno la temperatura promedio es de −49°F (−45°C).

El pueblo yakut vive en Verkhoyansk. Usan pieles de reno para protegerse del frío.

Hace tanto frío, que cuando exhalas, el aliento se convierte en hielo y cae al suelo.

Inundaciones

Las inundaciones causan más daños y muertes que ningún otro fenómeno del clima. Bangladesh, en Asia, es uno de los lugares de más inundaciones en el mundo.

Los monzones

El monzón es un viento que cambia de dirección con las estaciones, y causa épocas de seca y de lluvia. En el verano trae lluvia abundante.

Bangladesh

Casi el 90 por ciento de las lluvias anuales de Bangladesh cae en los tres meses de la estación de los monzones.

EN **1998** LAS INUNDACIONES EN BANGLADESH DEJARON A **30.000.000** DE PERSONAS SIN HOGAR

DATOS: INUNDACIONES

EN EL YANGTSÉ

En 1998, el río Yangtsé en China se desbordó por tres meses, afectando a 230 millones de personas y matando a más de 3.500.

HURACÁN KATRINA

En 2005, el huracán Katrina causó inundaciones en Nueva Orleans, LA. Más de 1.800 personas murieron.

BANGLADESH

En 1998, 70 por ciento de Bangladesh quedó bajo las aguas.

Aunque las inundaciones causan daños, también hacen los

India

Bangladesh

Océano Índico

El monzón sopla desde el frío océano Índico hacia la tierra caliente.

Terrenos inundables

Las lluvias torrenciales de los monzones hacen que el río Ganges se desborde e inunde las llanuras de Bangladesh.

Las inundaciones a veces dejan a las personas aisladas, y sus hogares pueden quedar totalmente destruidos.

Inundación repentina

Sucede cuando llueve mucho sobre un terreno seco y duro que no puede absorber el agua. Puede ocurrir en unos minutos.

Arkansas, 2010

Al amanecer del 11 de junio de 2010, el agua en algunos ríos de Arkansas subió más de 20 pies (6 m). En las inundaciones murieron 20 personas.

Ir a la escuela

Durante las inundaciones, cuando las carreteras quedan bajo el agua, la gente se mueve en botes. Y en algunos lugares llevan a los niños en botes a la escuela.

Aprende más ◄◄◄
sobre las inundaciones del huracán Sandy en la pág. 49.

suelos mucho más fértiles para el cultivo de cosechas.

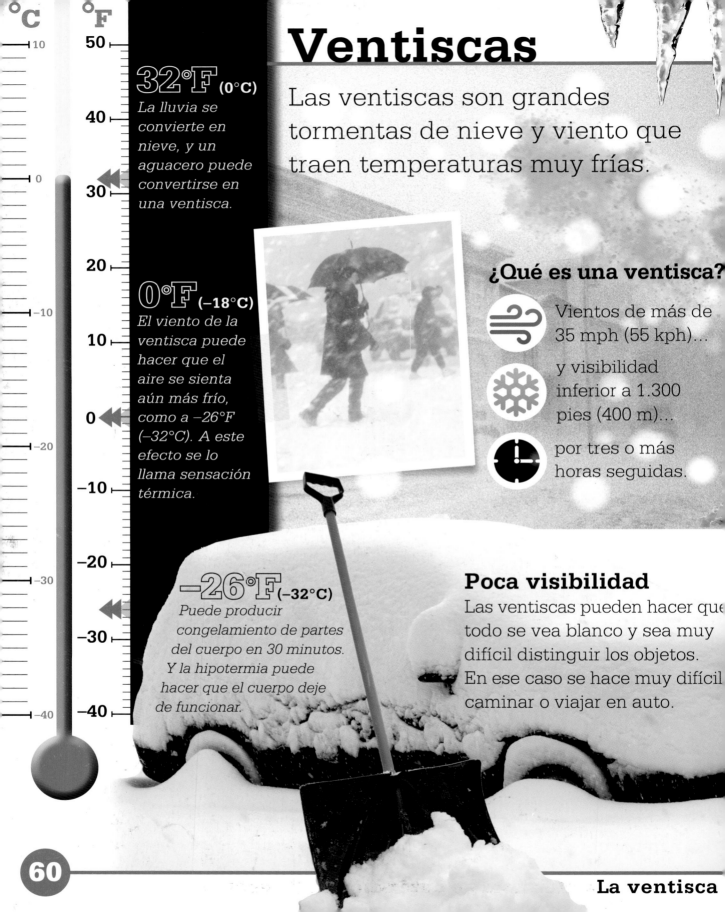

Ventiscas

Las ventiscas son grandes tormentas de nieve y viento que traen temperaturas muy frías.

32°F (0°C)
La lluvia se convierte en nieve, y un aguacero puede convertirse en una ventisca.

0°F (–18°C)
El viento de la ventisca puede hacer que el aire se sienta aún más frío, como a –26°F (–32°C). A este efecto se lo llama sensación térmica.

–26°F (–32°C)
Puede producir congelamiento de partes del cuerpo en 30 minutos. Y la hipotermia puede hacer que el cuerpo deje de funcionar.

¿Qué es una ventisca?

Vientos de más de 35 mph (55 kph)...

y visibilidad inferior a 1.300 pies (400 m)...

por tres o más horas seguidas.

Poca visibilidad

Las ventiscas pueden hacer que todo se vea blanco y sea muy difícil distinguir los objetos. En ese caso se hace muy difícil caminar o viajar en auto.

Ventisqueros

Los vientos de la ventisca forman montones de nieve que pueden llegar a 40 pies (12 m) de altura. A veces toma varios días limpiar las carreteras.

verlo

TESTIGO OCULAR La gran ventisca

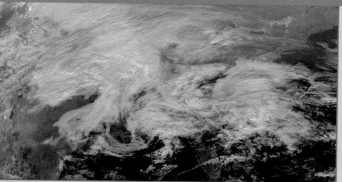

Tres días de ventisca

Desde el 31 de enero de 2011 una ventisca cubrió América del Norte. En Chicago, IL, cayeron unos 2 pies (60 cm) de nieve.

> "Nos llevó toda la noche, pero sacamos a 50 personas que estaban atascadas en sus autos. La mayoría no tenía buenos abrigos, guantes, gorros, comida ni agua. No estaban preparados para esa situación."

—Dwain Stadie,
rescatista en motonieve, Illinois

del Día de la Marmota se extendió por 22 estados.

¡Qué cosa tan rara!

El clima tiene cosas raras. La luz del Sol crea ilusiones ópticas. ¡Y a veces caen animales del cielo en plena lluvia!

granizos

tortuga de la Florida

¡Una granizada de tortugas!

En 1894, una severa granizada sorprendió a los habitantes de Mississippi: del cielo cayó una tortuga cubierta de hielo.

¿Un fantasma?

Esta rara figura es en realidad la sombra de una persona. El efecto se produce en las montañas cuando hay mucha humedad y el Sol le da por detrás a una persona.

Tiburones en la calle

En 2011, las víctimas de una inundación en Australia tuvieron que enfrentarse a otro peligro: ¡tiburones nadando en las calles de las ciudades!

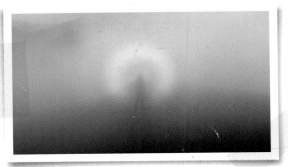

¿Por qué llueven animales?

Se cree que a veces las trombas marinas o las mangas de agua arrastran animales hasta 60.000 pies (18.000 m) de altura y luego los dejan caer. Pero nadie lo sabe con seguridad.

¡Lluvia de sangre! Las tormentas a veces arrastran arena roja

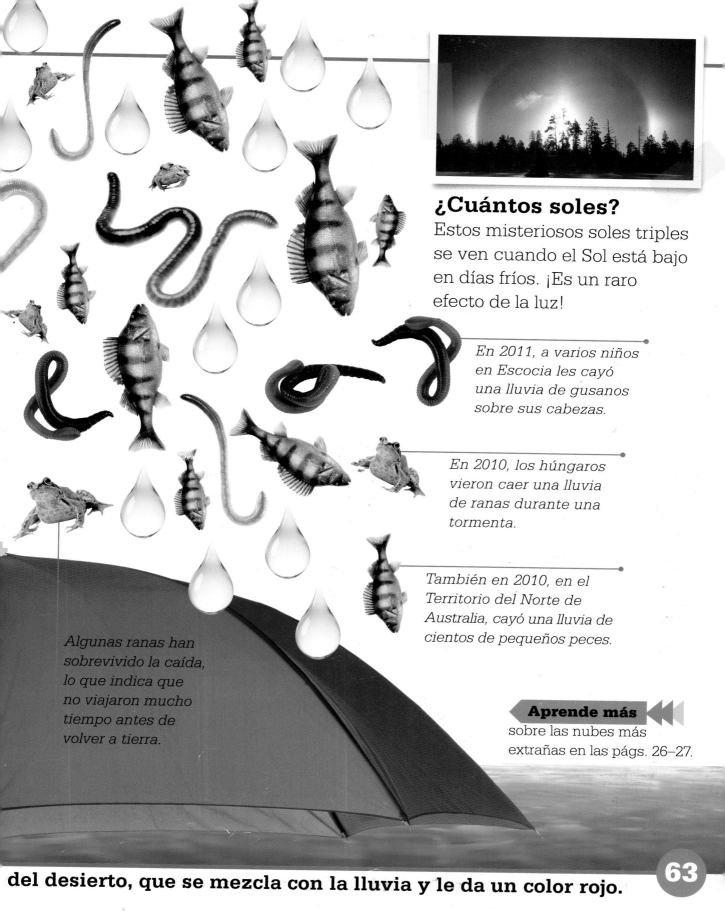

¿Cuántos soles?

Estos misteriosos soles triples se ven cuando el Sol está bajo en días fríos. ¡Es un raro efecto de la luz!

En 2011, a varios niños en Escocia les cayó una lluvia de gusanos sobre sus cabezas.

En 2010, los húngaros vieron caer una lluvia de ranas durante una tormenta.

También en 2010, en el Territorio del Norte de Australia, cayó una lluvia de cientos de pequeños peces.

Algunas ranas han sobrevivido la caída, lo que indica que no viajaron mucho tiempo antes de volver a tierra.

Aprende más ◀◀◀
sobre las nubes más extrañas en las págs. 26–27.

del desierto, que se mezcla con la lluvia y le da un color rojo.

Obras de la erosión

Erosión

El viento y la lluvia desgastan y desplazan el suelo y las rocas en un proceso llamado erosión. Los restos de roca a veces tienen formas raras, como la Cabeza de la Reina en Taiwán.

Hoodoos

La nieve derretida se acumula en grietas. Entonces se congela y expande en las noches frías, y luego se derrite. Con el tiempo, la roca se quiebra. Ese proceso formó estos hoodoos en Utah.

La ola de piedra

Este risco de 46 pies (14 m) de alto en Hyden, Australia, se formó debido a sustancias químicas disueltas en la lluvia que suavizan la roca.

Bosque de piedra

La reserva natural de Tsingy, en Madagascar, es el "bosque de piedra" más grande del mundo. La piedra fue erosionada por la lluvia. Mide hasta 300 pies (91 m).

Algunos indígenas americanos pensaban que los hoodoos

Chimeneas de hada

Durante siglos, el viento y la lluvia erosionaron las rocas en Capadocia, Turquía, hasta formar columnas. En la antigüedad, la gente las usaba para hacer casas e iglesias.

Colinas de chocolate

El agua de lluvia y las aguas subterráneas disuelven lentamente la roca caliza. En Bohol, Filipinas, este proceso ha creado 1.500 conos: las colinas de chocolate.

La roca en equilibrio

Aunque esta roca de Yorkshire, en el Reino Unido, parece estar a punto de caer, ha estado en ese sitio miles de años, sufriendo la erosión de la lluvia y el hielo.

Remolino de piedra

Los vientos fuertes erosionan las rocas y desplazan los suelos. Durante miles de años, la erosión del viento formó estas bellas esculturas de arenisca en Utah.

eran personas convertidas en piedra por el travieso Coyote.

La meteorología

La tecnología ha cambiado la manera en que observamos y predecimos el clima. Ahora se hacen mejores predicciones que antes. Esta foto de radar muestra el agua de un huracán. En las áreas rojas es donde hay más lluvia, alrededor del ojo del huracán.

Observar el clima

Cada día más de 10.000 estaciones meteorológicas en tierra y mar observan el tiempo y el clima y envían datos a los meteorólogos.

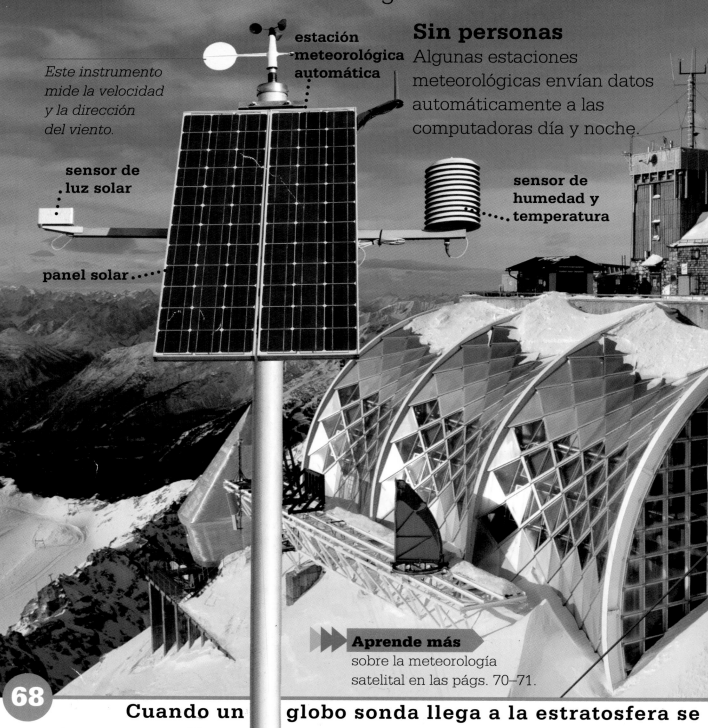

estación
**meteorológica
automática**

Este instrumento mide la velocidad y la dirección del viento.

Sin personas

Algunas estaciones meteorológicas envían datos automáticamente a las computadoras día y noche.

**sensor de
luz solar**

**sensor de
humedad y
temperatura**

panel solar

Aprende más
sobre la meteorología
satelital en las págs. 70–71.

Cuando un globo sonda llega a la estratosfera se

En la montaña

En todo el mundo y en todo tipo de clima hay estaciones meteorológicas donde trabajan científicos. Esta está en la montaña más alta de Alemania.

Estación meteorológica Münchner Haus

Globo sonda

Los globos sonda se elevan en la atmósfera llevando instrumentos para medir la presión, la temperatura y la humedad.

Radar

Los radares usan ondas de radio para detectar lluvia, nieve y granizo en el aire. Esos datos se convierten en imágenes en los mapas, como el de las págs. 66–67.

revienta. Los equipos bajan en un paracaídas.

En el espacio, los satélites meteorológicos observan la Tierra desde 22.000 millas (35.000 km) de distancia. Llevan radiómetros que barren la Tierra para crear imágenes.

Dos tipos

Los satélites meteorológicos son geoestacionarios (flotan sobre el mismo punto de la Tierra) o están en órbita polar (van de un polo a otro).

Los satélites

Además de crear imágenes de la tierra, el mar y las nubes, los satélites miden la temperatura y la humedad del aire. Esto nos da información sobre los cambios climáticos y nos ayuda a predecir el clima en el futuro.

Pronóstico del tiempo

Los meteorólogos estudian los datos reunidos en estaciones y satélites. A partir de ellos hacen el pronóstico del tiempo que a veces nos avisa de algún fenómeno que se avecina.

Los satélites se lanzan al espacio en cohetes, y luego orbitan alrededor de la Tierra.

Solo podemos predecir el tiempo de las próximas dos

El satélite Aeolus, que se lanzará en 2015, analizará los patrones del viento en todo el mundo.

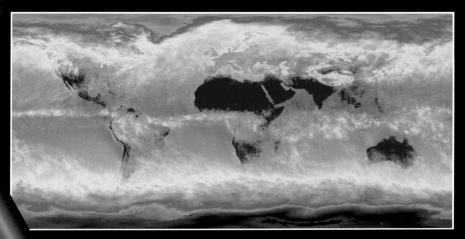

Imagen satelital infrarroja

Este mapa global de temperaturas muestra desde 104°F (40°C), en rojo oscuro, hasta −40°F (−40°C) en morado. ¿Ves los desiertos calientes y los fríos mares polares?

Galería

Gran Bretaña cubierta de nieve

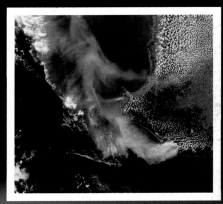

Incendios en Australia

Tormenta de polvo en Alaska

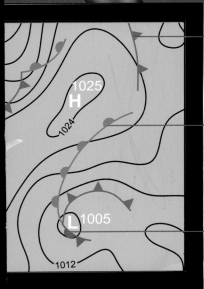

La línea azul muestra el borde de un frente frío (una masa de aire frío).

La línea roja muestra el límite delantero de un frente cálido (una masa de aire cálido).

La línea morada muestra donde se encuentran el frente frío y el cálido. Se lo llama frente ocluido. El tiempo cambia fácilmente aquí.

semanas. ¿Quién sabe cómo será después?

Calentamiento global

Los científicos creen que la Tierra se está calentando, y que es culpa de los seres humanos. Eso podría causar peligrosos cambios en el clima.

El efecto invernadero

La atmósfera contiene gases que atrapan el calor, como si fueran una colcha alrededor de la Tierra, y absorben y emiten el calor del Sol. Así controlan la temperatura de la Tierra.

Al quemar petróleo para producir electricidad, se crea también CO_2.

Dióxido de carbono

El dióxido de carbono, o CO_2, es uno de los gases que crea el efecto invernadero. Muchos expertos piensan que las personas producen demasiado CO_2, lo que aumenta el efecto invernadero.

El humo de los motores de los autos contiene CO_2.

A estos cambios los llamamos cambios climáticos.

Calentamiento global

Si la capa de gases se hace más densa, atrapa más calor. Como resultado, la Tierra se calienta. Este fenómeno se llama calentamiento global.

Si la Tierra se calienta

Más caliente

5,4–7,2°F
(3–4°C)
de aumento en la temperatura

3,6–5,4°F
(2–3°C)
de aumento en la temperatura

1,8–3,6°F
(1–2°C)
de aumento en la temperatura

0–1,8°F
(0–1°C)
de aumento en la temperatura

Hay más huracanes

Si el aire se calienta mucho, habrá más tormentas y huracanes en el mar.

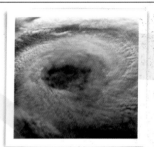

Más sequías

Al calentarse la Tierra, la temperatura promedio sube, provocando sequías en algunas áreas.

Más inundaciones

Si el aire está más caliente, mayor será la evaporación, y más lloverá. Muchas áreas podrían inundarse.

El hielo se derrite

Los casquetes polares se podrían derretir y subiría el nivel del mar. El agua podría cubrir algunas áreas.

Debemos evitar que la Tierra se siga calentando.

Salvar nuestro planeta

Para reducir las emisiones de CO_2, debemos hacer pequeños cambios en nuestra vida. ¡Y el clima puede ayudarnos!

Los paneles solares absorben el calor del Sol y lo convierten en electricidad.

Usa el clima

Quemar carbón y petróleo para producir electricidad crea dióxido de carbono (CO_2), que es dañino. En su lugar, podemos usar la energía del viento o el calor del Sol.

Un joven xingu en Brasil siembra nuevos árboles tras la tala de la zona de la selva donde vive.

¡Salvemos la selva!

Los árboles absorben gases dañinos como el CO_2. Cada día se cortan muchos árboles de la selva tropical. Debemos dejar de hacerlo para que los árboles puedan seguir absorbiendo el CO_2.

Plantar más árboles

Debemos plantar suficientes árboles para reemplazar los que se talan.

Dale un descanso al auto. Ve a la escuela a pie o en

¿Qué puedes hacer en casa?

1 ¡Ahorra y recicla!

Para hacer los productos se usa electricidad: usa menos productos y recicla más.

2 Apaga las luces

Si usas menos electricidad, menos combustible se quemará en las estaciones eléctricas.

3 Comida local

Compra comida producida cerca de tu casa. Para transportar la comida se emite CO_2 al aire.

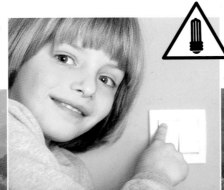

4 Crea consciencia

Investiga y prepara un proyecto titulado "Salvemos el planeta" y preséntalo a la clase.

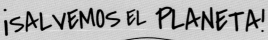

bicicleta para reducir el humo.

Glosario

atmósfera
Capas de gases que rodean a un planeta o estrella. El aire es la atmósfera de la Tierra.

aurora
Un espectáculo natural de luces en la atmósfera que se observa cerca del Polo Norte y del Polo Sur.

calentamiento global
El calentamiento de la atmósfera de la Tierra, que se cree que produce cambios climáticos, y que probablemente está causado por el efecto invernadero de gases como el dióxido de carbono.

clima
El tiempo atmosférico que hay habitualmente en una zona.

condensar
Pasar de estado gaseoso al líquido. El vapor de agua se condensa y se convierte en agua.

denso
Compacto, espeso. El aire frío es más denso que el caliente, por lo que ejerce una presión más alta.

erosionar
Romper o desgastar. El viento, el agua y el hielo erosionan las rocas y otras superficies.

escala Beaufort
La escala que se usa para medir la fuerza del viento. Va de 0 (calma) a 12 (huracán).

evaporar
Pasar del estado líquido al gaseoso. El calor del Sol evapora el agua, y esta pasa al aire en forma de vapor.

frente cálido
Borde de una masa de aire cálido en movimiento.

frente frío
Borde de una masa de aire frío en movimiento.

frente ocluido
Lugar donde se encuentran un frente cálido y un frente frío.

incendio forestal
Incendio que quema árboles y arbustos en las sabanas o bosques muy secos.

lenticular
En forma de lente, es decir, redondo y plano.

marejada ciclónica
Elevación anormal del nivel del mar en las zonas costeras causada por una tormenta. Esta elevación del nivel de las aguas puede causar inundaciones.

meteorólogo

Científico que estudia la atmósfera, el tiempo y el clima.

monzón

Viento fuerte que cambia de dirección de acuerdo con la estación y que puede provocar lluvias torrenciales.

nube

Masa de gotas de agua y cristales de hielo que se ve en el cielo. La lluvia, la nieve y el granizo caen desde las nubes.

precipitación

Agua que cae de la atmósfera al suelo en forma de lluvia, nieve o granizo.

presión atmosférica

El peso del aire de la atmósfera sobre todos los objetos. La alta presión produce buen tiempo; la baja presión produce mal tiempo.

Los copos de nieve pueden ser casi invisibles o tener hasta 2 pulgadas (5 cm) de diámetro.

satélite artificial

Nave espacial que orbita la Tierra. Los satélites meteorológicos envían información sobre las condiciones atmosféricas a las estaciones en tierra.

sequía

Período en el que cae muy poca o ninguna lluvia. Una sequía puede causar la muerte de las plantas.

tiempo atmosférico

Condiciones de la atmósfera. El tiempo puede estar frío, cálido, lluvioso, soleado, nevoso o ventoso. El tiempo es determinado por la presión, la temperatura, el agua y el movimiento del aire.

vapor de agua

Agua en estado gaseoso. La atmósfera contiene vapor de agua.

viento

Movimiento del aire. Se produce cuando el aire cálido asciende y el aire frío se mueve y ocupa su lugar.

Índice

*Un relámpago puede alcanzar
3 millas (5 km) de largo, pero
solo mide un tercio de pulgada
(1 cm) de ancho.*

Interior

1: Jim Reed Photography/Science Photo Library; 2–3 (background): Reimar Gaertner/Media Bakery; 2 (barometer): iStockphoto; 3 (hail and baseball): Jim Reed/Science Source; 4–5 (background): kavram/Shutterstock; 4tl: Bork/Shutterstock; 5t: Robnroll/Shutterstock; 6–7: Mike Hollingshead/extremeinstability.com; 8 (meteorologist): IS2/ImageSource/Alamy; 8 (polar bear): iStockphoto; 8 (camels): Paul Prescott/Fotolia; 8b: wuttichok/Fotolia; 9t: A.T. Willett/The Image Bank/Getty Images; 9 (leaves): sajhs/Fotolia; 9 (flower): Darryl Brooks/Fotolia; 9 (monkey): Eric Isselée/Fotolia; 9 (forest): iStockphoto; 9b: Denis Zaporozhtsev/Fotolia; 10–11 (background b): European Southern Observatory/Science Photo Library; 10 (meteor): dezignor/Shutterstock; 10 (airplane): iStockphoto; 11tc: Davor Pukljak/Shutterstock; 11 (ISS): NASA; 11bl: Lee Yiu/Shutterstock; 11br: British Antarctic Survey/Science Photo Library; 12tl: European Space Agency/Science Source; 12 (background): nortivision/Shutterstock; 12 (globes): Planetary Visions; 13tc: iStockphoto; 13 (door): Maria Kazanova/Shutterstock; 13bl: Wildroze/iStockphoto; 14–15: eye35.pix/Alamy; 16tc: iStockphoto; 16–17 (blue background): UgputuLf SS/Shutterstock; 16–17 (falling leaves), 16cr, 16bc, 16br: iStockphoto; 17tr: kldy/Shutterstock; 17 (music notes), 17cl, 17cm: iStockphoto; 17bl: behindlens/Shutterstock; 17bc: iStockphoto; 18–19 (background): Philip Scalia/Alamy; 18–19 (water cycle): mythja/Shutterstock; 18bl: Umberto Shtanzma/Shutterstock; 19cl: Pekka Parviainen/Science Source; 19cm, 19br: iStockphoto; 20–21: Rod Edwards/Alamy; 21tl: Pekka Parviainen/Science Source; 21tr: Kevin Ebi/Alamy; 21b: Pekka Parviainen/Science Source; 22–23b: Reimar Gaertner/Media Bakery; 22tl: Guy Edwardes/2020VISION/Nature Picture Library; 22cl: Martin Harvey/Getty Images; 23tl: ChrisHenry/Fotolia; 23tc: Pekka Parviainen/Science Source; 23tr: Cope/Mary Evans/Image Works; 24–25 (background): Pakhnyushcha/Shutterstock; 24 (cirrus, cirrostratus): CRWPitman/Shutterstock; 24 (cirrocumulus): Jostein Hauge/Shutterstock; 24 (altostratus): Ustyuzhanin Andrey Anatolyevitch/Shutterstock; 24 (altocumulus): linerpics/Shutterstock; 24 (nimbostratus): iStockphoto; 25tl: CRWPitman/Shutterstock; 25tc, 25tr, 25 (cumulonimbus): iStockphoto; 25br: Oxley/Shutterstock; 26–27 (background): iStockphoto; 26tl: US Department of Defense/Science Source; 26tl (frame): windu/Shutterstock; 26tr: Pekka Parviainen/Science Photo Library; 26tr (frame), 26bl: iStockphoto; 26bl (frame): Alhovik/Shutterstock; 26br: Balloonguy/Dreamstime; 26br (frame): iStockphoto; 27tl: Mike Hollingshead/Science Source; 27tl (frame): iStockphoto; 27tr: H. Raab/Wikipedia; 27tr (frame): iStockphoto; 27cr: Gary Parker/Science Source; 27cr (frame): hellena13/Shutterstock; 27br: Magrath/Folsom/Science Source; 27br (frame): iStockphoto; 28–29 (background): Mike Boyatt/AgStock Images/Science Photo Library; 28cl, 28tr, 29tl: iStockphoto; 29tc: Science Source; 29tr: Martin B. Withers/FLPA/Science Source; 29br: Jim Reed/Science Source; 30–31 (background): Dennis Brownfield/Alamy; 30bc: Boris Mrdja/Shutterstock; 31tl: iStockphoto; 31 (background lightning tr): 2009fotofriends/Shutterstock; 31bl, 31bcl, 31bcr, 31br: iStockphoto; 32–33: John A. Ey III/Science Source; 34tl: Anan Kaewkhammul/Shutterstock; 34 (inset): AP Images; 34tr: iStockphoto; 34bl: Clker.com; 34bc: iStockphoto; 34br: Hank Shiffman/Shutterstock; 35tl, 35tr, 35 (boots), 35bl: iStockphoto; 35bc: T and Z/Shutterstock; 35br: iStockphoto; 36–37: Photoshot Holdings Ltd/Alamy; 38l: Eric Nguyen/Science Source; 38bc: rnl/Fotolia.com; 38–39 (map): Mahesh Patil/Shutterstock; 39bl: iStockphoto; 39tr: NOAA/Science Source; 40–41: Daniel Loretto/Fotolia; 42t: Dustie/Shutterstock; 42 (cow, twig, house):

iStockphoto; 43 (sequence tr): NOAA; 43c: GEOEYE/Science Photo Library; 43 (car c): iStockphoto; 43 (train): remik44992/Fotolia; 43 (car bcl): iStockphoto; 43 (house bcr): Benjamin Simeneta/Fotolia; 43 (bus, shopping cart, house br): iStockphoto; 44–45: Ryan McGinnis, 46 (sequence bl): Science Source; 46tr: Image Works; 46–47 (background): NASA; 48–49t: Julie Dermansky/Corbis; 48cm, 48cr, 48bl, 48bc, 48br: iStockphoto; 49tl: Jeff Bachner; 49cl: lev radin/Shutterstock; 49cr: iStockphoto; 49bl: Julie Dermansky/Corbis; 49bc: Natalie Keyssar/Corbis; 49br: iStockphoto; 50–51 (background): age fotostock/SuperStock; 50br: imagebroker.net/SuperStock; 51tl: Robert Harding Picture Library/SuperStock; 51br: Alex Hocklin; 52–53: Jean-Paul Ferrero/Auscape/Minden Pictures/Corbis; 54–55 (background): AFP/Getty Images; 54cl: Science Source; 54cm: SandyNicholson.com/Photonica/Getty Images; 54tr: Science Photo Library/Science Source; 55tl: Heidar Kristjansson/AFP/Getty Images; 55br: Jim Reed/Science Source; 56tr: iStockphoto; 56–57 (globes): Planetary Visions; 56cl: iStockphoto; 56cr: Asahi Shimbun Premium/Getty Images; 56b, 57 (background t), 57 (Afar people), 57cl, 57cr, 57 (background b): iStockphoto; 57 (Yakut people): ITAR-TASS Photo Agency/Alamy; 57 (icicles): KazantsevAlexander/Fotolia; 58tl, 58cl: iStockphoto; 58–59 (background): AP Images; 58br: Pavel Rahman/AP Images; 59tl: iStockphoto; 59tr: Dr. Morley Read/Science Source; 59cr: Mara Kuhn/Sentinel-Record/AP Images; 60–61 (background t): Christopher Pillitz/Getty Images; 60–61 (icicles): Harper 3D/Shutterstock; 60c: Jose Luis Pelaez, Inc./Corbis; 60 (symbols): iStockphoto; 60 (car): 4736202690/Shutterstock; 60 (shovel): iStockphoto; 61 (plow): Sergei Butorin/Shutterstock; 61 (berries): iStockphoto; 61bl: NASA; 62 (hail): iStockphoto; 62 (turtle): Rose Thompson/Shutterstock; 62 (shadow): Vincent Lowe/Alamy; 62 (shark and water, umbrella, raindrop): iStockphoto; 62–63 (worm tl): Pan Xunbin/Shutterstock; 62–63 (other worms, fish, frogs): iStockphoto; 63tr: Fred & Randi Hirschmann/Science Faction/SuperStock; 64tl: Fotosearch/SuperStock; 64tr: Christian Heinrich/SuperStock; 64bl: SuperStock; 64br: Stefan Huwilerimageb/SuperStock; 65tl: Fletcher & Baylis/Science Source; 65tr: Dirscherl Reinhard/SuperStock; 65bl: Tom Mackie/Alamy; 65br: Dennis Flaherty/Science Source; 66–67: Science Source; 68–69 (background): Egon Bömsch/imagebroker.net/SuperStock; 68c: iStockphoto; 69tc, 69tr: SuperStock; 70tr: European Space Agency; 70bl: NASA; 70–71 (background): Kobes/Fotolia; 70–71 (TV): iStockphoto; 70–71 (weather map): Robert Adrian Hillman/Shutterstock; 70–71 (weather forecaster): iStockphoto; 71tl: NASA/JPL/Science Source; 71tr: NASA/GSFC, MODIS Rapid Response/Science Source; 71cr, 71br: NASA; 72tr: European Space Agency/Science Source; 72c: diego1012/Fotolia; 72bl: corepics/Fotolia; 72br: iStockphoto; 73tr, 73rct: iStockphoto; 73rcm: Galyna Andrushko/Fotolia; 73rcb: apirati333/Fotolia; 73br: Patrick Poendl/Fotolia; 74–75 (background): Stéphane Bidouze/Fotolia; 74tr: iStockphoto; 74bl: Ton Koene/Visuals Unlimited, Inc.; 74br, 75cl: iStockphoto; 75cm: panco971/Shutterstock; 75cr: Randy Faris/Media Bakery; 76: iStockphoto; 77: Science Source/Science Photo Library; 78–79: Mike Theiss/Science Photo Library/Science Source; 80: Reimar Gaertner/Media Bakery.

Portada

Background: Elenamiv/Shutterstock. Front cover: (tl) Margorita/Dreamstime; (c) Mike Hollingshead/Science Source; (bl) Scott Camazine/Science Photo Library; (br) Pancaketom/Dreamstime. Spine: Margorita/Dreamstime. Back cover: (tr) EmiliaUngur/Shutterstock; (computer monitor) Manaemedia/Dreamstime.